Johann Gabelhofer

Predigt von den schrecklichen Verirrungen eines verderbten Volkes

Johann Gabelhofer

Predigt von den schrecklichen Verirrungen eines verderbten Volkes

ISBN/EAN: 9783743437456

Hergestellt in Europa, USA, Kanada, Australien, Japan

Cover: Foto ©ninafisch / pixelio.de

Weitere Bücher finden Sie auf **www.hansebooks.com**

Predigt

von den
schrecklichen Verirrungen
eines
verderbten Volkes
bey
Gelegenheit des Dankfestes
für
die göttlichen Segnungen
der k. k. Waffen
in der
Hauptpfarrkirche
der königlichen Freystadt Pesth
am 29. Wintermondes 1793.

— • —

Gehalten
von
Joh. Julius Gabelhofer
der Theologie Doktor, Bibliothekar an der Universität.

Pest, gedruckt bey Mathias Trattner
1794.

Sie sind verderbt, sie sind ein Greuel geworden in ihrem Beginnen. Pf. 13. 1. nach der Vulg.

Die Hand des Herrn, m. B. hat ihre Stärke an uns verherrlichet, die Hand des Herrn hat unsere Feinde geschlagen.* Denn es gehörte mehr, als gemeiner Menschenmuth dazu, einen Feind in seinen Fortschritten zu hemmen, der mit so ungeheurer Ueberlegenheit an Volksmenge, wie ein verheerender Stromm, eine weit ausgebreitete Gegend, ganze Provinzen mit einem Male überschwemmt; die ansehnlichsten Städte, die festesten Plätze durch unvermuthete Ueberfälle besetzt, und allenthalben eine augenscheinliche Uebermacht voraus hatte. Es war mehr als gewöhnliche Tapferkeit nöthig, um einem Feinde die Spitze zu bieten, der mit gereiztem Zorne, mit immer wachsender Erbitte-

---

* 2. B. M. 15. 6.

rung, mit völliger Verzweiflung focht. Und dennoch haben die vereinigten Mächte, vorzüglich unsere siegegewohnten Landesleute die k. k. Heere die schon zahlreich besetzten Städte wieder zurückerobert, die Horden der Neufranken zurückgeschlagen, ihre eigenen Gränzen bestürmet, ihre Festungen eingenommen, und sie bald in einzelnen Rotten, bald in ganzen Heeren besiegt. Es folgte unausgesetzet Schlag auf Schlag und Sieg auf Sieg.

Wenn man nun die erstaunlichen Vortheile der Feinde übersieht; wenn man die Eilfertigkeit, die Stärke, die Menge der erfochtenen Siege dagegen hält, so erwecket unser Erstaunen eben das Gefühl, welches den heiligen Liedersänger bey der Uebersicht seiner Schicksale belebte. **Dieß ist Gottes Werk, dieß ist ein Wunder vor unseren Augen.** *

Die Ueberzeugung von dem wohlthätigen Segen, mit welchem Gott den Muth unserer Krieger gekrönet hat; das innige Dankgefühl für seine unendliche Güte muß heute unsere Andacht beleben, da wir aus der Absicht an dieser heiligen Stätte versammelt sind, um dem Herrn unser Dankopfer darzubringen, und fernerhin Segen über die k. k. Waffen herabzubeten.

Allein die Wohlthaten Gottes haben die Absicht den Menschen im Guten zu stärken, und nur durch den weisen Gebrauch der Wohlthaten

---

* Pf. 117. 23. nach der Vulg.

machet man sich derselben würdig. Wenn wir es bloß allein bey der Freude über die empfangenen Wohlthaten bewenden lassen, ohne unsere Thätigkeit zu wecken, ohne zu dem Guten, welches aus denselben erwächst, mitzuwirken: wenn wir über ein verderbtes irregeführtes Volk nur Abscheu fühlen, ohne an seinem verkehrten Betragen ein warnendes Beyspiel für uns selbst zu nehmen: dann sind diese leeren Gefühle ganz unfruchtbar, und wir ziehen weder aus den Wohlthaten Gottes, welche er uns zur Erweckung unserer Thätigkeit erweiset; weder aus den physischen Uebeln, welche er zu unserer moralischen Besserung, zur Vermehrung unserer Klugheit und Wachsamkeit geschehen läßt, denjenigen Nutzen, welchen wir nach der weisen Absicht Gottes daraus ziehen sollten.

Gewiß, m. B. wenn jemal die Geschichte ein trauriges Beyspiel von der Ausartung eines irregeführten Volkes aufweisen kann; so ist es unstreitig jenes der heutigen Franzosen. Diese vorher so blühende, so artige Nation war kaum zur Empörung aufgereizet, als sie mit schnellen Schritten bis zu jenem Grade des sittlichen Verderbnisses fortrückte, daß sie alles, was gesitteten Völkern heilig und ehrwürdig ist, mit Verachtung von sich stieß — daß sie die unverletzlichen Rechte der Völker, die feyerlichsten Bündnisse mit Gewalt vernichtete — daß sie ihre Hände mit königlichem Blute befleckte — daß sie Thronen und Altäre mit gleicher Wuth umstürzte — daß sie die schrecklichste Mordsucht wider ihre eignen Bürger ausübte — daß sie in manchen Gegenden Greuel der Unsittlichkeit erneuerte, worüber sogar Heiden erröthen würden. Dieß ist nur eine zusammengedrängte, eine oberflächliche Schilderung unserer heutigen Neufranken. Ihre Absicht gieng eigentlich dahin, gewisse Rechte der Menschheit durch Unmenschlichkeit geltend zu machen; alle Regierungsarten umzustoßen, und ihre eigenthümlichen Staatsideen andern Nationen mit Gewalt der Waffen einzupredigen; und endlich unter dem Vorwande, das Joch des Aberglaubens andern Menschen von dem Nacken zu nehmen, Irreligion zu verbreiten. Sie sind das wahre Nachbild jener Unseligen, welche David schildert: **Sie sind verderbt, sie sind ein Greuel geworden in ihrem Beginnen.**

Daher will ich denn heute, m. B.! Sie dadurch zu erbauen suchen, daß ich **von jenen schrecklichen Verirrungen rede, in welche ein irregeführtes Volk verfällt.** Ich werde an dem Beyspiele der Franzosen

 erstens die Verirrungen des Verstandes

 zweytens die Verirrungen des Herzens darstellen, und dann

 drittens für uns daraus die Folge ziehen: was wir als redliche Bürger und gute Christen dazu leisten sollen, unser Vaterland, unsere lieben Zeitgenossen vor ähnlichen Verirrungen zu bewahren.

Gott der Stärke, der uns diese Siege bescheeret hat, segne diese Betrachtung; er erfülle unsere Herzen mit frommen Abscheu wider die Greuel der Empörung, und belebe unseren Muth, unsere Entschlossenheit, zur Vermeidung derselben und zur Vermehrung der Siege, nach unserm Verhältnisse, auch mit Aufopferung alles beyzutragen.

I.

Vernunft und freyer Wille sind die edelsten Gaben der Menschenseele. Sie machen unseren Vorzug über alle Geschöpfe aus; erheben uns zu Mitgenossen der Geisterwelt, und zwar bis zur Gottähnlichkeit. Diese so schätzbaren Eigenschaften des Menschen erhöhet die Religion Jesu. Sie läßt ihm seine angeschaffene Würde im hellen Glanze sehen; sie bereichert ihn mit den zuverläßigsten Kenntnissen und Vorstellungen von sich selbst, von Gott, von der Zukunft; sie zeigt ihm den wahren Gesichtspunkt, das Gegenwärtige anzusehen, das Ueberirrdische zu betrachten, und das Zukünftige zu beschauen; sie lehret ihn seine Verhältnisse gegen seine Mitgeschöpfe einsehen. So entwickelt sie die Vernunft, übet den Scharfsinn, und giebt der Denkungsart eine gerade und sichere Richtung. Durch die stärkesten und reinsten Beweggründe zur Tugend lenket sie die Neigung des Menschen zum Guten, belebet seinen Muth, auch wider sich selbst zu kämpfen, und mit Beschränkung seiner thierischen Triebe, ja sogar mit Aufopferung mancher Lieblingsneigung der Tugend im Stillen Opfer zu bringen. So zeigt die Religion in allen ihren Wirkungen, daß sie einen Stifter habe, welcher der Weg, die Wahrheit und das Leben ist. *

Aus dieser so kurzen Voraussetzung läßt sich nun schon vorläufig absehen, woher die Verirrungen des Verstandes bey einem verderbten Volke entstehen. Wenn die Vernunft den Menschen sicher leiten soll, so müssen jene Vorstellungen, nach welchen sie urtheilet, deutlich und wahr seyn. Aus schiefen und falschen Vorstellungen können unmöglich andere, als schiefe, verkehrte, widersinnige Urtheile entstehen. Daher ist für uns die schöne Wahrnung Jesu höchst wichtig: **Sieh zu, daß das Licht, welches inner dir ist, nicht Finsterniß sey.** ** — Wenn die Vernunft den Menschen leiten soll, so muß sie es darinne zur Fertigkeit gebracht haben, nach festen, erwiesenen, einleuchtenden Grundsätzen zu schließen, und nach reiner Wahrheit zu streben. Fehlen nun wahre Grundsätze; oder ist der Leichtsinn zuvorkommend genug, erkannte Grundsätze immer gegen die nächsten besten zu vertauschen: so erzeiget dieser Wankelmuth unzählige Widersprüche und Verwirrungen, die bis zum Tollsinne führen. Daher wahrnten die Apostel ihre Gläubigen so dringend: **nicht zu werden wie die leichten Wolken, welche vom Winde herumgewürbelt werden.** *** Allein so groß das Geschenk der Vernunft für uns ist, so müssen wir dennoch zu unserer Demüthigung beken-

---

* Joh. 14. 16. ** Luk. 11. 34. *** Br. Jud. 12.

nen, daß sie eben so wenig allumfassend sey, als unsere Sinne hinreichend sind, alle Bilder selbst zu sammeln. Ja wir nehmen es an uns selbst wahr, daß sie viele (vielleicht die meisten) Vorstellungen, viele Kenntnisse und Wahrheiten von außenher entlehnen, und wegen des Einflußes, welchen die Sinnlichkeit auf sie hat, gewisse Gesetze zu ihrer Leitung annehmen müße. Wer sieht hier nicht die Nothwendigkeit eines Unterrichtes für unsere beschränkte Vernunft? Und wer sieht nicht zugleich, daß eine solche Vernunft, die allen Unterricht, sogar den Unterricht Gottes von sich weist, nur selbsteingebildete, ungeprüfte, nur nach den thierischen Empfindungsvermögen gefaßte Urtheile und Schlüße hervorbringen könne? **Solch ein thierischer Mensch**, sagt Paulus, **faßt die Lehren nicht auf, welche vom Geiste Gottes kommen. Sie scheinen ihm vielmehr Thorheit.** *

An dem beweinenswürdigen Beyspiele der Franzosen kann man alle diese Verirrungen des Verstandes gleichsam versinnlichet sehen. Die ganze Macht der Blendung, mit welcher der größere Theil dieses unseligen Volkes befangen ist, beruht auf der Ueberspannung der Begriffe: **Menschengleichheit** und **Menschenfreyheit**.

Betrachten wir den Menschen bloß als Theil dieses Weltalls: so ist er der edelste unter den

---

* 1 Kor. 2. 14.

Bewohnern unsers Planeten, an Bildung des Körpers, an Leben des Geistes, an Schwachheiten und Vorzügen seinen übrigen vernünftigen Mitbewohnern ähnlich, aber nicht durchaus gleich. So wenig die Gesichter der Menschen sich vollkommen gleichen; so wenig sind die Anlagen des Geistes jemal gleich. Der verschiedene Bau unsers Körpers, der ungleiche Zustand unserer Empfindungswerkzeuge, die mannichfaltige Beschaffenheit unserer Nerven, unserer zarten Gefäße, und sogar unserer Säfte hat auf die Wirkungen des Geistes einen so mächtigen Einfluß, daß man größtentheils daher den so großen Abstand der Naturgaben herleiten kann. Aber gerade diese Verschiedenheit zeugt von der Wohlthätigkeit und Weisheit des Schöpfers in der Einrichtung der menschlichen Natur. Denn würden alle Menschen mit den großen Anlagen gebohren, welche zum Regenten, zum Staatsmanne, zum Gelehrten, zum feineren Künstler gehören: wer würde mit saurem Schweiße hinter dem Pfluge hergehen? — wer an der ermüdenden Werkstätte arbeiten? — wer die Lebensbedürfnisse schaffen, während die übrigen ihren Geistesverrichtungen oblägen? — Ich kann mich hierüber nicht deutlicher erklären, als wenn ich dem großen, dem weisen Paulus das einleuchtende Gleichniß von dem menschlichen Körper abborge. * Nachdem er die Verschiedenheit der Glieder und ihrer Verrichtungen zum

---

* 1. Kor. 12. 12. u. f.

Bilde der Menschengesellschaft aufgestellt hatte; zeigt er nun die Nothwendigkeit dieser Verschiedenheit: **Wenn dein ganzer Körper Auge wäre, wo bliebe der Sinn des Gehörs? Und wenn dein ganzer Körper Ohr wäre: wo bliebe der Sinn des Geruches? — Nun aber hat Gott die Glieder des Körpers jedes nach seiner Bestimmung vertheilt.**

Zwar läßt man die Verschiedenheit der Verrichtungen unter den Gliedern der Gesellschaft noch hingehen. Allein die Vorzüglichkeit eines Standes vor dem Andern, ist in den Augen der Neufranken Verletzung der heiligsten Menschenrechte.

Nun denn, zugegeben, daß ihre bestimmte und dekretirte Gleichheit, das heißt: gleiche Werthschätzung aller Stände, sich eine Weile erhält: wird sich der fähige Kopf nicht dennoch bey jeder Gelegenheit trotz aller Gleichheit auszeichnen? Wird er nicht schon dadurch eine vorzügliche Achtung seiner Mitbürger genießen? Wird nicht sein Name immer im ehrenvollen Andenken bleiben? — Wird der geschicktere Künstler, der geübtere Handwerker, der feinere Handelsmann nicht seinen Glückstand erhöhen, mehr Reichthum, als Andere, sammeln, öffentliche Achtung und Vorzüge genießen, ein bequemeres Leben führen; eine besser gebaute und gezierte Wohnung beziehen, einer bequemeren und kostbarern Kleidung sich bedienen? Und erhält sich der Glanz seines Hauses nach ihm; werden seine Nachkommen nicht immer noch eben derselben Vorzüge genießen? Was soll nun der Arme, der minder Fähige, welcher nicht im Stande ist, es eben so hoch zu bringen, als sich dem Reichen und Angesehenen verdingen? — Kann also eine völlige Gleichheit ohne alle Vorzüge in irgend einer bürgerlichen Gesellschaft in die Länge hin bestehen? — Man nenne nun die vorzüglichen Stände ansehnliche Bürger oder wie immer anders; man vermeide das Wort: Adel mit allem Fleiße; dennoch wird es immer noch um die Menschengleichheit geschehen seyn. Lasset es nun noch darauf ankommen, daß eine Gesellschaft, welche die Menschengleichheit im Sinne der Franzosen anerkennt, von auswärtigen Feinden angefallen werde: daß manche der Bürger durch Muth und Tapferkeit in Vertheidigung des Vaterlandes sich vorzüglich hervorthun; daß sie, der eine durch kluge Anführung, der andere durch tapfere Gegenwehr die Feinde besiegen, die Gränzen sichern, und das augenscheinlichste Unheil von ihren Mitbürgern abwenden. — Wird die Gesellschaft gegen diese Thaten blind, gegen den öffentlichen Ruf taub, gegen ihre Verdienste undankbar genug seyn; ihnen kein Zeichen des öffentlichen Beyfalles, kein Denkmaal des Dankes zu stiften? Wird das Andenken seiner Thaten nicht auf seine Nachkommen fortgepflanzt, sein Name ehrwürdig, und für seine Namenserben ein Beweggrund des öffentlichen Zutrauens werden? Ist nun der Name, der Stand, das Geschlecht dieses Mannes unter seinen Mitbürgern nicht zur Vorzüglichkeit erhoten? Und endlich würde für den Menschen von großen Anlagen der Gedanke nicht höchst niederschlagend, ja für den Unternehmungsgeist zurückschreckend seyn: **Wenn ich alles für die Gesellschaft thue — wenn ich mich derselben bis zur Lebensgefahr aufopfere: so bleibt mir am Ende nichts zum Lohne, als das Loos dessen, welcher mir in der Ferne ruhig und müßig zugesehen hat!** Vorzüglichkeit der Stände ist Aufmunterung der Menschen zu gemeinnützigen Handlungen. Ohne dieselbe würden jene Stellen in der Gesellschaft immer unbesetzt bleiben, welche mit mehr Beschwerden, mit mehr Aufopferung, mit mehr Gefahren, als Andere, verbunden sind. Daraus ist es nun sichtbar, daß eine völlige Gleichheit der Menschen ein wahres Unding sey. Nur nach dem religiösen Verhältnisse, als Menschen, als Kinder eines Gottes, als Erlöste Jesu Christi, als künftige Mitgenossen einer Ewigkeit; nur hierinn sind wir einander gleich. Eine Gleichheit, welche bey aller Ungleichheit der Stände besteht.

Noch viel ärger ist die Täuschung von **Menschenfreyheit**. Diesen Begriff haben die Neufranken so weit ausgedehnt, daß sie eine gänzliche Aufhebung der Unterordnung einführten. Das Volk sollte herrschen; es sollte seine Gesetzgeber selbst bestimmen, es sollte von Niemand, als von selbst gewählten Richtern nach selbstgemachten Gesetzen geurtheilet werden. Das gefiel nun dem rohen ungelehrigen Haufen ungemein. Nun war er mit einem Male der Bande los, welche seine thierischen Triebe bisher gefesselt hielten. Die Menge schrecklicher Greuel, welche wir mit Schaudern vernommen haben, und welche die Nachwelt kaum für wahr halten wird, waren die ersten Folgen davon. Der wüthende Haufe brannte, mordete, zerstörte, mißhandelte Bürger und Adel, wüthete selbst wider seine Gesetzgeber, und trieb sogar mit der geheiligten Person seines Königs den unerhörtesten Frevel. In diesem Freyheitstaumel war es nun den Empörern leicht, die Königswürde verhaßt zu machen, und ihrem mörderischen Plane gemäß das schreckliche Schauspiel der Guillotine an ihrem eignen Könige zuerst aufzuführen. Dieß war die eigentliche Absicht der Freyheitsprediger in Frankreich, den König auf die Seite zu schaffen, dann die Greuel der Empörung auf das höchste zu bringen, am Ende dem Volke ihr eigen Joch aufzubürden, und Verderben auf Verderben zu häufen. Schon der heil. Petrus hat diese Menschengattung geschildert: **Sie führen stolze und eitle Reden, locken durch Schwelgerey diejenigen, welche vor Verirrten fliehen, an sich; versprechen ihnen Freyheit, und sind am Ende doch weiter nichts, als Knechte des Verderbens.** * Zu solchen Abgründen führt die überspannte falsche Vorstellung von Freyheit. Ich sage; falsche Vorstellung. Denn nicht Unabhängigkeit, nicht Gesetzlosigkeit, nicht Unbändigkeit schließt der wahre Begriff von Freyheit in

---

* II. Pet. 2. 18. 19.

sich. Vielmehr erkläret die heil. Schrift diesen Begriff ausdrücklich für falsch: **Lebet frey, aber nicht als ob ihr die Freyheit für einen Deckmantel der Bosheit hieltet, sondern als Diener Gottes.** * — Was ist denn nun aber Freyheit? — Freyheit ist ungehemmte Thätigkeit im Guten. Nichts hemmt unsere Thätigkeit mehr, als wilde Leidenschaften. Daher genießt derjenige keiner wahren Freyheit, bey welchem die thierischen Triebe, oder bloß sinnliche Vergnügen herrschend geworden sind; weil seine Vernunft übertäubt, sein moralisches Gefühl verstumpft, und sein Geist unthätig wird. Freyheit ist ungehemmter Fortgang unserer Thätigkeit — Wenn nun jedweder in der bürgerlichen Gesellschaft nach seinen Fähigkeiten, nach seinem erlernten Kunstgewerbe, nach seinem Berufe ungehindert wirken, das Wohl seines Daseyns ungestört genießen, seinen Wohlstand erhalten und erhöhen, für sich und seine Angehörigen leben kann: so genießt er einer wahren Freyheit, welche aber nur bey einer ordentlichen vereinfachten Staatsverfassung bestehen kann. Denn — verlieret nur nie den wahren Begriff aus den Augen — Freyheit ist ungehemmter Fortgang unserer Thätigkeit. Würde aber diese Thätigkeit nicht gehemmt, wenn nicht Gesetze und Obrigkeiten dem Neide, der Mißgunst, der Habsucht, den Zänkereyen Einhalt thäten? wenn

---

* I. Pet. 2. 16.

sie nicht jeden bey seinem Habe schützten? wenn sie nicht den Anfällen auf Ehre, Gut, und Leben durch Wachsamkeit und Handhabung der Gerechtigkeit steuerten? — Setzet nun aber das Volk an die Stelle der Obrigkeiten; gebet ihm die Stimme der Entscheidung, räumet ihm sogar die Souvränität selber ein: was wird daraus erfolgen? — Das, was in Frankreich wirklich geschah. Die Volkshefen, welche daselbst unter dem lächerlichen Namen der Unbehoseten begriffen werden, werden immer für den stimmen, welcher sie durch geheime Wege mit Geld zu bestechen, und durch schwelgerische Mahle zu gewinnen weiß. Das französische Volk, welches seinem Könige mit Leidenschaft ergeben war, die schweresten Lasten, die drückendsten Auflagen mit Gedult trug, und bey aller Beschwerde dennoch mit voller Seele an seinem Könige hieng; dieses Volk wurde durch einige tausend Livres, welche man unter dasselbe ausstreute, durch einige Palläste, welche man ihm zu plündern preis gab, durch jene öffentlichen unentgeldlichen Speisetafeln, welche man errichtete, so sehr umgestimmt, daß es zur frechesten Wildheit wider eben den König ausartete, welchen es vorher beynahe sclavisch verehret hatte. Sehet hier das augenscheinliche Beyspiel von dem Wankelmuthe des gemeinen Haufens. Und nun setzet im Geiste die so hoch gepriesene Souvränität des Volkes fest. Wie wird nun der Staatsbürger, dessen Rechtssache vor die Landesstelle zur Entscheidung kömmt, vor einem Richterstuhle bestehen; welcher nach der

Stimmen-

Stimmenmehrheit richten, und die Volksstimme als das höchste Endurtheil anerkennen muß? Hat sein Gegner so viel Macht, so viel Anhang, so viel Bestechungsvermögen, den Pöbel und seine Vertreter für sich zu gewinnen; so ist sein Handel auch bey der gerechtesten Sache verlohren; er ist ein unterdrückter, ein unwiederbringlich verlohrner Mann. Denn wo sollte er Schutz, wo Gerechtigkeit suchen, wenn die Pöbelsouvränität an die Stelle des höchsten Staatshauptes gerücket ist? Derley Erfahrungen haben sogar jene Staaten, welche sich Republiken nennen, genöthiget, die monarchische Regierungsform wenigstens einigermaßen nachzuahmen; und die Stelle des Landesfürsten durch Statthälter, durch Dogen, durch einen hohen Rath oder durch irgend einen andern Repräsentanten der höchsten Gewalt zu ersetzen. Und nun ohne Vorurtheil zu reden — welcher Bürger ist der Unterdrückung, der Hemmung seiner Thätigkeit weniger ausgesetzet — der, dessen Schicksal von der Entscheidung des großen Haufens abhängt? oder der, welcher nach allem möglichen Verluste noch einen obersten Schützer seiner Rechte an seinem Landesfürsten hat? — Welcher von beyden ist nun freyer? — So wahr ist es, was uns die heilige Schrift sagt: **Fürsten sind kein Schreckenbild für den, welcher rechtschaffen handelt, sondern nur für den Bösewicht . . . . Er (Der Landesfürst) ist Gottes Diener zu deinem Besten.** * Aber solche Wahr-

---

* Röm. 13. 3. 4.

heiten zu erkennen, dazu ist ein Volk nicht fähig, dessen Leidenschaften entbrannt, dessen Gemüth verbittert, dessen Verstand durch falsche Vorstellungen gleichsam verrenket ist.

Dennoch sind diese falschen Vorstellungen noch lange nicht die einzige Ursache an den schrecklichen Verirrungen der Franzosen. Die Vorbereitung dazu lag schon lange vorher zum Theile in ihrem eigenthümlichen Charakter, und zum Theile in ihrem verderbten Geschmacke. Diese immer faselnde und tändelnde Nation hatte sich durch beständige Abwechslungen an Dingen, welche in die Sinne fallen, durch stäte Veränderungen ihrer Außenseite sogar im Kleiderschnitte an eine Unbeständigkeit gewöhnet, welche auf ihren inneren Sinn den unglücklichsten Einfluß haben mußte. Dazu kam noch ihr verderbter Geschmack an schimmerndem Witze, an auffallenden Spitzfindigkeiten. Denn nicht wahre Aufklärung, welche den Verstand zur Entwicklung und anschaulicher Deutlichkeit der Kenntnisse übt, nicht wahre Aufklärung, welche der Forschgeist wecket, das ernste Denken zur Fertigkeit bringt, den heißen Durst nach Wahrheit erwecket, und die oberen edleren Kräfte des Menschen wider die untern und niederen stärket — nicht solch eine Aufklärung war in Frankreich herrschend. Das, was sie unter uns zu angenehmen Gesellschaftern machte, das, was uns in ihren Reden auffiel, und ihre Schriften auszeichnete, war nur Flitterwitz, nur Gedankenspiel, nur feiner Doppelsinn. War es nun Wunder, wenn ein Volk von so leichtfinnigem Charakter, von so verderbtem Geschmacke mit einemmale alle seine Grundsätze verließ und entgegengesetzte anzunehmen bereitet war? Hat es nicht die Erfahrung gelehrt, daß nur eine geschminkte Rede, ein witziger Einfall, ein auffallender Vortrag nöthig war, um alle Stimmen des Volkes auf einen Entschluß zu leiten. Dieser Leichtsinn, dieser Witzgeschmack ist eben der schädliche Charakter, vor welchem Paulus seine Ephesier wahrnte. — **Lasset uns nicht mehr gleich Kindern wankend seyn, gebet nicht zu, daß ihr von jeder Lehre, wie vom Meereswinde herum getrieben werdet, zum Spiele der Menschen, die durch Spitzfindigkeit die Täuschung verdecken.** *

Die größte, und beweinungswürdigste Verirrung dieses unseligen Volkes ist die Verkennung der Religion Jesu Christi; welche vor Alters her in diesem Reiche vorzüglich blühte. Frankreich hatte von jeher die frömmsten, die gelehrtesten Bischöfe. Ihre Nationalkoncilien sind schöne Denkmaale von der Weisheit, und Frömmigkeit ihrer Kirchenvorsteher. Ihre Priesterschaft war ein Muster, und Vorbild ihrer Amtsbrüder, und das Vertrauen auf ihre Gelehrsamkeit allenthalben so groß, daß die Lehrsätze der gallikanischen Kirche jeden richtigdenkenden Gottesgelehrten erbaueten — Die Sorbonne; ein

---

* Ephes. 4. 14.

Priesterkollegium in Paris, bildete die frömmsten, und heiligsten Priester; und den Benediktinern von der Versammlung des heil. Maurus verdanken wir die mühevoll veranstalteten und berichtigten Ausgaben der Väterwerke. Wie war es nun möglich, daß ein Volk, welches solche Religionslehrer hatte, die schöne Religion Jesu verkennen konnte? Ach, m. B.! Es war den Volksempörern eben so wichtig, die christliche Religion zu verdrängen, als den Thron zu stürzen, und bey der vorgenommenen Stimmung des Volkes wurde es ihnen auch eben nicht erschwert. Sie stellten nur die Einrichtung der Kirche als nachtheilig dar, sie fanden einige leichtsinnige unter den Priestern, denen sie manche Beschwerde ihres Standes vom Halse nahmen, und welche sich gerne dazu bereden ließen, einen Eid zu schwören, welcher den Gewissen der meisten Priester, und Bischöfe anstößig war, aber gerade so seyn mußte, um ihre Verweigerung für ein Staatsverbrechen zu erklären, sie ihrer Würde zu entsetzen, und des Landes zu verweisen! — Nun ward neuerdings erfüllt, was uns Zacharias weißsagte: **Schlage den Hirten, und die Schaafe werden zerstreuet werden** * Nun wurden selbst mit Einstimmung der beeideten Priester in Gebräuchen, nicht nur in den Zuchtgesetzen, sondern so gar in gewissen Hauptlehren der Religion Eingriffe gewagt, welche sich nur Leicht-

---

* Zach. 13. 7.

sinn, und Vermessenheit erlauben können. Die warmeifrigen Religionslehrer waren verscheucht, die zurückgebliebenen trieben theils Furcht, theils unedle Beweggründe dazu an, ihre Stimme mit jenen der Volksverführer zu vereinigen. Wir lasen es mit Entsetzen, daß Bischöfe, und Priester vor dem Nationalkonvent hintraten, das Christenthum für entbehrlich, und mit der gesunden Vernunft unverträglich erklärten. Die schöne, die vollkommene Sittenlehre des Evangeliums schien ihnen eine Last, welche ein freyes Volk abwerfen müßte. Sie erneuerten den Auftritt, welchen Jeremias beschreibt: **Priester, und Volk sagten: dieß ist eine Last des Herrn.** * Aber schrecklich ist die Drohung, welche Gott durch den Propheten verkündigen ließ: **Weil ihr meine Reden eine Last genennt habt, ... Sieh so will ich euch wegtilgen, und will euch samt der Stadt, die ich euren Vätern gegeben habe, von meinem Angesichte verwerfen.** ** Nun war die Kraft der Religion geschwächt, nun hatte der gemeine Haufen keinen inneren Richter, nun war alles, das nur das Gepräge der Religion hatte, und mit ihren Lehren in Verbindung stand, als überflüßig, ja als nachtheilig erklärt; nun ist es wieder leicht gewesen, alles das vom Volk zu erhalten, wovon es vorher noch die innere Stimme der Religion einigermassen zurückrief.

---

* Jerem. 23. 34. ** Jerem. 23. 38. 39.

Diese schreckliche Verirrung des Verstandes, welche aus der falschen Vorstellung von Freyheit, und Gleichheit, aus dem Leichtsinne, und verderbten Geschmacke, aus der Verkennung der Religion Jesu herrühren, verdienen unseren ganzen Abscheu, und das arme geblendete Volk, welches sich dadurch bethören ließ, unser ganzes Mitleid — Lassen Sie uns nun zweytens die Verirrungen des Herzens betrachten, in welche ein verderbtes Volk geräth. —

II.

Unter dem Namen Herz versteht man gewöhnlich das ganze Empfindungsvermögen des Menschen, seine Triebe, seine Neigungen, kurz alle Aeußerung seines Willens. Wenn nun an einem Menschen gute Neigungen, leichte Theilnahme, Fertigkeit gut und wohlthätig zu handeln wahrgenommen werden, so urtheilet man von ihm, er habe ein gutes Herz. Wenn nun also seine Triebe nicht edel, wenn seine Neigungen nicht nach begehrungswürdigen Gegenständen gerichtet, oder gar nur den thierischen Trieben untergeordnet sind, wenn seine Theilnahme am Wohl nnd Wehe anderer Menschen abgestumpfet, oder gar durch das Vergnügen an grausamen Auftritten ganz unterdrücket ist; dann sagt man mit Grunde: der Mensch habe ein böses Herz. Beynahe alle Arten der Verkehrtheit des Herzens finde ich an dem französischen Volke. Eine bis zum Aergernisse getriebene Weichlichkeit; die schändlichste Unmäßigkeit in Befriedigung des Geschlechtstriehes — die schrecklichste Gefühllosigkeit gegen alles Wohl und Wehe anderer Menschen; und endlich eine vorsetzliche Verhärtung in der Sittenlosigkeit.

Wer weiß es nicht, daß es den Franzosen beynahe angebohren, ja daß ihre ganze Erziehungsart seit mehr als 2 Jahrhunderten dahin gerichtet war, ihren Körper auf das zärtlichste zu pflegen, die Bequemlichkeiten des Lebens höher, als selbst die Bedürfnisse zu achten; eher zu hungern, als es an irgend etwas mangeln zu lassen, was den Körper zieren, und den Sinnesreiz wecken konnte? Diese Weichlichkeit war von den höchsten bis auf die niedrigsten Stände fortgepflanzt; sie war beyden Geschlechtern im höchsten Grade eigen. Sie vergesellschaftete sich mit der Eitelkeit, mit dem Bestreben allgemein zu gefallen, und sie brachten es in diesen Tändeleyen so weit, daß ihre Frauenzimmer die Gesetze der Mode beynahe für ganz Europa gaben. Dem Anscheine nach hat solch ein weichliches Leben solch eine Eitelkeit das Gefährliche nicht, was sich erst in der Folge zeiget. Dieses Streben nach Bequemlichkeit, dieser stäte Sinnenreiz schwächet unvermerkt das Gefühl für den inneren Werth, und machet den Menschen ganz zum bloß sinnlichem Geschöpfe. Dieser Abscheu von allem, was der Zärtlichkeit des Körpers nahe tritt, machet, daß die Körperkräfte nicht geübt werden, und nur Schwächlinge der Nachwuchs solcher Nationen sind. Hang nach Körperzierde vermehrt Armuth, und Dürftigkeit unter allen Ständen, nach dem Verhältnisse, als der Aufwand zur Leidenschaft, und durch das Vorurtheil des Wohlstandes zum Bedürfnisse wird. **Die Verweibten werden hungern**, sagt Salomo.* Dieß ist das traurige Loos solcher Nationen, deren Herz durch Weichlichkeit verdorben ist.

Noch schrecklicher war das Verderbniß der Franzosen in Hinsicht auf die Unlauterkeit. Schon war dieses Laster unter ihnen so gemein, daß man gar nicht darüber erröthete. Das böse Beyspiel der meisten Großen gab diesem Laster sogar den Anstrich einer galanten Lebensart, und erweckte dadurch sogar die Eitelkeit zur Nachahmung. Es giebt kein Laster, welches das Herz mehr verdärbe, als die Unlauterkeit. — Denn es ist unmöglich, daß ein Herz noch reines und dauerndes Gefühl für das wahre Gute haben könne, dessen ganzes Gefühl an der Wohllust erschöpfet ist. Es ist unmöglich, daß Empfindungswerkzeuge, daß die Sinnen eines Menschen die Kraft guter Eindrücke fühlen, wenn sie durch die Befriedigung niederer Lüste erschlaffet sind. Es ist endlich unmöglich, daß ein Herz feinerer Gefühle, und edlerer Neigungen fähig sey, das an dem Grobsinnlichen ein unausgesetztes Vergnügen findet. Daher sagt Paulus von den Wohllüstigen: **Gott hat sie ihrem verkehrten Sinne überlassen, daß sie alle Ungebühr treiben.** **

Herzen, die schon im voraus solchen Verderbnissen ergeben sind, werden zuletzt gegen al-

---

* Sprichw. 18. 8.   ** Röm. 1. 28.

len Eindruck kalt. Wer hat vor den Greuelthaten nicht geschaudert, welche das französische Volk gleich beym Ausbruche der Empörung begieng? — Menschen an die Laternen gehängt, Köpfe auf Stangen herumgetragen; Körper, aus denen die Eingeweide gerissen waren, mit Gliedern von verstümmelten Leibern besäete Strassen waren Freudenscenen, die sie unter Gesang und Jauchzen aufführten. — Diese täglichen Anblicke solcher Mordauftritte machten sie zuletzt für Kinder so gar zum Wonnefeste; schon sah man in Paris Kinder auf den Gassen mit abgeschnittenen Menschenköpfen spielen. Wollte es auch manch menschlich Gesinnter wagen, die Wuth des Volkes inne zu halten, so war er in Gefahr selbst ein Opfer derselben zu werden. Die Stimme ihrer Herzen erklang nicht. Ihr Wüthen war, ich rede in den Ausdrücken der Schrift: **Ihr Wüthen war das Wüthen einer Schlange, das Wüthen einer tauben Otter, welche ihre Ohren verstopft.** * Könnte die Gefühllosigkeit eines Menschen noch mehr sich äußern, könnte ein Menschenherz mehr verdorben seyn?

    Und wollte Gott! daß man sich von ihnen einer Bekehrung vertrösten könnte! Aber ach! Sie sind zu verhärtet; sie haben gerade das, was aus Barbaren Menschen machte, was Unsittlichkeit verscheucht, was den moralischen Charakter aller Völker umgeschaffen hat, dieses Hülfs-

---

* Ps. 67. 5. nach d. Vulg.

mittel haben sie nun zuletzt noch von sich gewiesen. Sie verstehen mich, m. B. daß ich hier die christliche Religion verstehe. Denn mit ihr sind die erhabenen, großen, und edlen Beweggründe zum Guten verwiesen — so wie die schaudervollen Uebel des Lasters nichts mehr, und gründlicher aufdecket, als unsere heilige Religion. Sie mußten das, die feinen Empörer, sie kannten ihren wohlthätigen Einfluß auf die Herzen der Menschen; und daher gieng ihr Streben und Trachten immer dahin; diese lästige Sittenrichterinn sich vom Halse zu schaffen. Sie haben daher, wie jene Gottlosen, von denen die Schrift redet, **den Tempel der Gottheit entweihet, sie haben unter sich gesagt: Lassen wir alle Feyerlichkeiten des Herrn im Lande aufhören.** *

Dieß Verderbniß des Herzens machet nun das Maaß ihres ganzen Unglückes voll. Lassen Sie uns nun aus dem traurigen Zustande Frankreichs die Folgen ziehen, was wir als redliche Bürger, als gute Christen dazu beytragen sollen, um unser Vaterland, und unsere Zeitgenossen vor ähnlichen Unheilen zu bewahren.

III.

Wenn wir das arme irregeführte französische Volk betrachten, wenn wir alle die Arten des

---

* Ps. 73. 7. 8. n. b. B.

Elendes, unter welchen ihr ganzes Land seufzet, wenn wir den schrecklichen Mangel erwägen, welchen dasselbe an den unentbehrlichsten Lebensbedürfnissen schon seit lange fühlt, wenn wir die Verheerung dieses schönen blühenden Landes erwägen, und mit einem Blicke in die unglückliche Zukunft hinaussehen, welche sie sich bisher selbst zubereitet haben, wenn wir alle diese Unheile recht bedenken, so müssen wir uns bey der Ruhe und dem gegenwärtigen Zustande unseres Vaterlandes glücklich fühlen, und von ganzer Seele wünschen, daß weder unser liebes Vaterland, noch irgend einer der benachbarten Staaten mit einem ähnlichen Unheile heimgesucht werden möge. — Und, m. B.! es liegt zum Theile an uns selbst, dieses traurige Loos abzuwenden.

Es ist unstreitig wahr, daß Menschen von gründlicher Denkungsart, von festem Charakter, nicht leichtlich, ja ich darf sagen, unmöglich verderbt, und irre geführt werden können. Niemal wird ein Volk leicht verhetzet, leicht auf Abwege gebracht, unter welchem nicht gewisse Laster herrschend sind. Denn nur ein lasterhaftes Volk strebt nach Zügellosigkeit, nach Befriedigung thierischer Triebe, nach Ungebundenheit in Ausschweifungen. Daher ist Sittlichkeit, jene reine wohlthätige Sittlichkeit, welche die Religion Jesu befördert, das beste Verwahrungmittel eines Volkes vor den Greueln der Empörung. Und wenn reine warme Vaterlandsliebe, Werthschätzung seiner Verfassung, Zufriedenheit mit der Regierungsart aller Bürger Herzen gleich beseelet;

dann mißlingt es dem Bösewichte gewiß, der es wagen wollte, ihm die Regierungsart verdächtig, oder seine Verfassung lästig zu schildern. Wenn endlich, was bey uns wirklich der Fall ist, ein gütiger, liebenswürdiger Monarch, die ganze Fülle seiner Vaterhuld seinem Volke fühlen läßt: dann wird keine Menschenmacht das Bild eines so lieben Landesvaters aus den Herzen seiner Bürger reißen. Vielmehr werden sie vor jeder Gefahr des Thrones zurückschaudern.

Hier haben wir nur einige der vorzüglichsten Mittel, welche in unserer Gewalt stehen, unser theures Vaterland vor den französischen Verderbnissen zu bewahren. Ich will nun jedes derselben, so viel es der Zeitraum erlaubet, auseinander setzen.

Nichts ist unter einer Nation schädlicher als Leichtgläubigkeit gegen jedes Gerede, und Nachahmungstrieb fremder Handlungen. Beyde sind die Folgen des Leichtsinnes. Davor bewahrt uns aber nichts so sicher, als wenn wir jene Grundsätze aufsuchen, aus den Erfahrungen des täglichen Lebens abziehen, und zur Richtschnur unserer Handlungen nehmen, jene Grundsätze, sage ich, welche sich auf unseren Stand, auf unser Verhältniß gegen die Gesellschaft zunächst beziehen, und die wir aus Erfahrung, und aus dem Beyfalle vernünftiger Menschen als bewährt erkannt haben. Nicht das Geschwätze eines Anderen, sondern das, was sein eigner Verstand für wahr erkennt, nicht das Gerede eines müßigen Kopfes, nicht die Lieblingsmeynungen der Modedenker, sondern das, was den erkannten Wahrheiten ähnlich ist, was sichern, nnd geprüften Kenntnissen entspricht, was den Umständen nach keinen Wiederspruch leidet, nur das faßt der Mann von festem Charakter auf, nur das hält er seiner Aufmerksamkeit würdig. Gassenzeitungen, Pöbelgerüchte, Erfindungen der Lustigmacher, mit welchen sie den unwissenden Theil des Volkes täuschen, oft unmäßige Furcht erregen, oft nur thörichte Neugier betäuschen, solche Volksmährchen hört der vernünftige Mann mit Mitleid an, und suchet sie unter seinen unwissenden Mitbürgern zu widerlegen, und zu zernichten. Dadurch verhindert er an Andern durch vernünftigen Umgang, was er an sich selbst durch Ueberzeugung, und Grundsätze längst verhindert hat — den Eindruck ausgestreuter boshafter Erfindung. Wenn es nun viele derley Männer, die bloß nach Wahrheit, und Ueberzeugung denken, in der bürgerlichen Gesellschaft giebt, wird es da leicht einem Verführer, einem Emissär gelingen, die Denkungsart des Volkes anzupesten? Daher hat Paulus so weise als väterlich seine Ephesier unterrichtet: **Erneuert euch am Geiste, und zieht einen Menschen an, der nach Gott geschaffen ist, nach der Tugend, nach der heiligen Wahrheit.** Nur Tugend- und Wahrheitsliebe giebt einen festen Charakter.

Nichts aber giebt einem Empörer leichtere Mittel an die Hand, unter einem Volke Aufwieglungen zu machen, als wenn durch große herrschende Laster ein Theil der Nation verbit-

tert, der andere verderbt, der Höhere herrsch-
süchtig drückend, der Niedere hilflos, oder gar
die ganze Maße gewißen Schooßsünden ergeben
ist. Jerusalem hatte das Unglück das Bild einer
so verwirrten Gesellschaft zu seyn. Die Bemü-
hungen Jesu, sie durch seine reine, schöne Mo-
ral zu beßern, waren vergebens. Weder seine
sanftmüthige Belehrung, weder seine Androhun-
gen einer schrecklichen Zukunft verfingen bey dieser verderbten Volksmasse etwas. Jesus konnte
sich der Thränen nicht enthalten, als er die unglückliche Stadt einstens von ferne ansah. Nur
einige der vorzüglichen Laster will ich berühren,
welche einen Staat in seinem Innersten untergra-
ben, wenn sie herrschend werden. Wenn der
Geiz der Reichen durch schändlichen Wucher das
Gut der übrigen Mitbürger an sich zieht —
wenn es niedrige Geldmäckler in der Gesellschaft
giebt, welche die Thorheiten, und Ausschweifungen unbesonnener Jünglinge unterstützen, ihre
Unbesonnenheit zu ihrem Vortheile mißbrauchen,
und so durch Ausplünderung der Stammhälter
angesehene Familien in die tiefeste Armuth her-
abstürzen — wenn Schwelgerey zur gewöhnlichen Ergötzung wird, und der Gewerbverdienst
kaum hinreicht, die Sinnlichkeit des Gaumes zu
befriedigen — wenn Industrie, und Arbeitsam-
keit erschlafft, und Hang zum Nichtsthun ein-
schleicht — wird alsdann nicht Armuth in dieser bürgerlichen Gesellschaft überhand nehmen?
Muß hierdurch nicht eine Volksklasse entstehen,
welche nichts zu verliehren hat, daher alles zu

wagen bereitet ist, wenn man ihr einige Vortheile in der Ferne zeigt? Diesen verderblichen Lastern dem Geize, dem schädlichen Wucher, den unmäßigen Schwelgereyen; und dem Müßiggange wehren; dieß steht in unserer Gewalt. Nicht nur die Beywirkung der Obrigkeit, sondern unserer Seits freundschaftliche Wahrnung des Ausschweifenden, liebvolle Unterstützung des Gedrängten, daß er nicht unter die Hände der Wucherer verfalle; unschuldige freundschäftliche Unterhaltungen, die nicht kostspielig sind, werden der beste Damm wider solche staatsverderbliche Laster seyn. Aber ein Laster ist noch, m. B.! welches die Sittenlosigkeit aufs höchste bringt; das Tugendgefühl verstumpft, eine Menge anderer Laster neben sich herzieht, alle Körperkräfte erschöpft, die Bevölkerung hindert, nur Krüppel, preßhafte, ansteckende Kranke, schamlose Geschöpfe vermehrt, Jünglinge entnervt, Familien zerrüttet, und ganze Generationen verpestet. Dieses Laster, m. B.! ist zur Zerstöhrung der bürgerlichen Gesellschaft unter den Franzosen eine Hauptursache mitgewesen. Denn schnöde Wohllust hindert alles Denken, macht den Sinnesreiz zum größten Gute des Lebens, und eben daher die Gesetze lästig, welche diesem wilden Triebe Schranken setzen. Wollen wir daher, m. B.! solche Unheile vermeiden, so lasset uns dahin sehen, daß wir unter unseren erwachsenen Kindern, unter unseren Hausgenossen, unter unseren Untergebenen strenge Aufsicht führen; weder durch Reden, oder Scherze, noch viel weniger, was Gott verhüte! durch böse Beyspiele ein Laster gemein werden laßen, welches den Menschen zum Thiere, den Christen zum Heyden herabwürdiget. **Unlauterkeit, und alle Unreinigkeit, oder Geiz soll unter euch nicht einmal genannt werden.** Paulus an die Epheser. *

Die Liebe zum Vaterlande hat eine solche Kraft über des Menschen Herz, daß nicht einmal Gewalt vermögend genug ist, die innige Anhänglichkeit an das Land unserer Geburt zu schwächen. Allein diese Liebe muß nicht blinde, auf Vorurtheil, und Blendung gestützte Anhänglichkeit seyn. Dieß wäre nur müssige Neigung, unfruchtbarer Trieb. Wahre Vaterlandsliebe äußert sich durch die Thätigkeit, durch das Bestreben, zum allgemeinen Besten aus allen Kräften mitzuwirken; die Bruderliebe durch alle Arten der Hilfleistung des gegenseitigen Beystandes, durch alle Gefälligkeiten zu befestigen, die Unzufriedenheit, und das Murren wider die öffentliche Staatsverfassung zu hemmen. Jesus selbst ist uns hierinne mit einem schönen Beyspiel vorgegangen. Mit saurem Schweiße arbeitete er an der Besserung, und Bekehrung seines Volkes; keine Arbeit ermüdete ihn, und keine Beschwerde war ihm zu groß, wenn es darauf ankam, daß er unterrichten, heilen, Sitten bessern,

---

* Ephes. 5. 3.

nützliche Grundsätze verbreiten konnte. Die gröbsten Widersprüche die ärgsten Beleidigungen konnten ihn nicht abhalten, Gutes zu stiften, wo es nur möglich war. Sehet hier das wahre Bild des guten rechtschaffenen Bürgers. Er ist nicht zufrieden nur wohl zu wollen, nur, wie die Hummel unter den Bienen, das Gute zu genießen, ohne dazu beyzutragen; sondern mit dem Pfunde zu wuchern, welches ihm der Hausvater übergab. Wir empfangen tausend Wohlthaten von der Gesellschaft; tausend Hände sind beschäftiget uns Bedürfnisse und Bequemlichkeiten des Lebens zu schaffen; Tausende sind mit der Sorge für unsre Ruhe und Ordnung belastet; viele Tausende stehen bereitet, uns bey jeder drohenden Gefahr mit ihren eignen Leibern zu decken, mit Aufopferung ihres Lebens zu schützen! Welch eine niedrige Seele müßte nun der Mensch haben, welcher ohne das mindeste für den einen, oder anderen zu thun, nur das Fett des Landes genießen, nur die Früchte fremder Arbeit verzehren wollte? Nein, m. B.! sey unser Stand, welcher es immer wolle, sey unser Gewerbe, von welcher Art es immer seyn möge, so setzt uns jede Art des Berufes in den Stand, für das allgemeine Beste thätig mitzuwirken, wenn wir nur das, was wir zu leisten im Stande sind, mit Eifer, und Treue verrichten. Denn nicht nur, daß wir dadurch zur Vermehrung der Bedürfnisse beytragen, sondern auch, weil wir dadurch für die Erhaltung der Staatsdiener, und des unentbehrlichen Wehrstandes un=

ser Scherflein mitopfern. Eine Pflicht, die uns heilig, die uns angenehm seyn soll, weil sie nur ein kleiner Ersatz, und kaum des Namens einer Belohnung werth ist in Hinsicht aller Gefahr, welche diese unsre Mitbürger anstatt unser auf sich nehmen. Vorzüglich in diesen Zeiten, wo ein so hartnäckiger Krieg, mit so erbosten Feinden, mit solcher Gewalt, mit so unausgesetzter Anstrengung aller Truppen geführet werden muß. In diesen Zeiten, sage ich, wo der Monarch nicht einmal die gewöhnlichen Auflagen erhöht, und es unserer eigenen Liebe zum allgemeinen Besten überläßt, wie viel jeder aus uns für seine streitenden Brüder beytragen wolle.

Da ferner das Band der bürgerlichen Gesellschaft Liebe und Eintracht ist; da derselben nichts mehr schadet, als wenn Partheygeist die Gemüther trennt, das Privatinteresse vervielfältiget, die Eifersucht der Einen wider die Anderen reizet — Fälle, welche in Frankreich die Zerstöhrung der bürgerlichen Ordnung erleichterten — so ist alles, was diese Uebel verscheuchen kann, ein Mittel zur Erhaltung der bürgerlichen Ordnung. Freundliches Betragen gegen einander, eine ungeheuchelte Bruderliebe, ein Bestreben sich andere verbindlich zu machen, ein vernünftiger geselliger Umgang bringt die Gemüther einander näher, machet, daß sich die Menschen an einander schließen, sich gerne Gefälligkeiten erweisen, daß die Kinder solcher Familien selbst zusammengewöhnen, und so schon der Nachwuchs der Bürger für einander Liebe, und Zutrauen gewinnt. Die Freundschaft machet, daß man Schwachheiten gerne übersieht, die Fehler einander gerne vergiebt, durch zuvorkommende Wahrnung oft verhütet. Wie schön hat hier die heilige Schrift alles in einen Grundsatz gefaßt: **Vorzüglich suchet gegenseitige Liebe unter euch zu erhalten. Weil die Liebe eine Menge Gebrechen bedecket. Seyd gastfreundlich gegen einander ohne Murren. Jeder theile die Gabe, wie er sie empfangen hat, dem Andern gerne mit. So wie gute Haushälter mit den vielfältigen Gaben Gottes.** *

Es ist endlich ein mitleidwürdiger Fehler in den meisten Staaten, daß die Staatsverfassung bekritelt, benotelt, und oft von Leuten, die alle Sinnen dazu brauchen, ihr eingeschränktes Hauswesen zu übersehen, die ausgebreitetsten Staaten gemustert werden. Dieß verwirrt die Begriffe, macht unzufrieden mit der gegenwärtigen, und gebiehrt den Hang nach einer bloß idealischen Regierungsart. Und wenn wir die Sache beym wahren Lichte betrachten: ist eine solche Regierungsart möglich, welche allen, auch einzelnen Menschen gleich behagte? eines jeden Erwartung, und Wünsche ganz erfüllte? Nein, m. B.! das menschliche Herz ist zu vielfältig in seinen Wünschen, und Begierden, und alle Menschenmacht zu eingeschränkt, aller Menschenverstand viel zu wenig umfassend, um es ganz zu befriedigen.

---

* I. Pet. 4. 8. 9. 10,

Führen wir für Unzufriedene eine andere nach ihren Ideen gestaltete Regierungsart ein, so wird seine Idee erfüllt, einige seiner Wünsche werden gewähret seyn. Aber über kurz, oder lang wird er sich neue Ideen schaffen, es werden neue Wünsche in seinem Herzen aufsteigen, und das alte Mißvergnügen wird wieder zurückkehren. So wollen wir denn, m. B.! nach dem Geiste des Christenthums, nach dem Beyspiele unseres göttlichen Lehrers, und seiner Apostel, nach jener Regierungsart uns mit Gehorsam fügen, unter welche uns die göttliche Vorsehung versetzet hat. Dieß wird uns von dem traurigen Unheile bewahren, welches Frankreich erfuhr, da es zuerst die monarchische Regierung beschränkte, dann das Unding Volksregierung aufstellen wollte, und nach so vielen Jahren nicht einmal noch feste Grundsätze zur Aufrechthaltung der inneren Ordnung hat. So werden wir ächte Jünger der Lehrer seyn, die uns Christus gab: **Seyd jedermann Unterthan um Gottes Willen, zuerst dem Könige als dem Vorzüglichsten, dann den Obrigkeiten, die von ihm gesetzet sind, zur Bestrafung der Uebelthaten, und zur Aufmunterung des Guten.** *

Wenn der allgemeine Vereinigungspunkt in zusammenhängenden Dingen verrücket wird, so ist es ganz natürlich, daß das Ganze zerfallen müße. Wenn nun die Geschäfte eines

---

* II. Pet. 2. 13. 14.

Staats von jeher so eingerichtet waren, daß alles stufenweise biß zur höchsten Einsicht, und Entscheidung eines Einzigen hingeleitet wurde, so muß nothwendig die ärgste Verwirrung aller Unterordnung entstehen, sobald dieser Einzige aus seiner Stelle gerücket wird. Denn mit einemmale müssen alle Geschäfte eine andere Richtung, eine ganz andere Quelle erhalten. Sehet hier die Ursachen der großen Staatsverwirrung in Frankreich. Wenn man auch nur die äußeren Folgen betrachtet, so sieht man, daß die Greuel und Verwirrungen immer mehr zunahmen, und gar aufs höchste stiegen, als man den König vom Throne auf das Schaffoth führte. Wären sie mit ihrem König vereint geblieben, so wäre noch ein Mittel übrig gewesen, die Partheyen wenigstens zum Theile zu vereinigen, die Zwiste zu entscheiden, und ein Regierungssystem zu gründen. Aber nun sind sie nach vielen Jahren noch nicht einmal dahin gekommen, daß sie sichere, und zuverläßige Grundsätze hätten, um bey den alltäglichen Vorfällen sicher, und billig entscheiden zu können. Sehet nach welchen Abgründen diejenigen hinführen, welche die monarchische Regierung lästig, und als eine Art des unmenschlichen Despotismus schildern! Ist sie nicht die beste, die sicherste Richtung aller Staatsgeschäfte? Sollte nicht schon diese Betrachtung uns mit dieser Regierungsart vorzüglich zufrieden stellen? Wenn noch über dieß wahre Herzensgüte, menschenfreundliche Herablassung, wahre, innige Liebe für das Volk den Charakter des Landesfürsten auszeichnet, wie es bey uns wirklich der Fall ist, so hat unsere Anhänglichkeit an den König in diesen edlen Eigenschaften einen neuen Grund. Doch Ihr habt Ihn ja selbst gesehen, als noch Seine Augen in Thränen schwammen, die Er Seinen Erlauchten Aeltern in die Kruft nachweinte; da noch die kindlichen Thränen der Durchlauchtigen Waisen, Seiner Geschwisterte, an seinem Herzen glänzten; da unsere kindliche Liebe, unsre allgemeine innigliche Anhänglichkeit Balsam für Sein verwundetes Herz waren, als unter unseren Freudenbezeugungen Sein Blick sich zusehends aufheiterte, als Er uns mit innigster Rührung Vatertreue, und Gerechtigkeit schwur. Denn wen rührte es nicht, einen jungen Monarchen, in der Blüthe seiner Jahre an der erhabenen Stufe seines Thrones zu sehen, der sogleich mit rebellischen Unterthanen in den Niederlanden zu kämpfen hatte, und schon ein ganzes empörtes Volk in Frankreich wider sich in Waffen sah. Noch bis itzt, m. B.! hat er nur das Herbe seines erhabenen Standes gefühlt, nur die Unruhen, und Gefahren empfunden, welche den Thron umgeben, nur die unvermeidlichen Unheile des Krieges erfahren, noch nicht die süße Ruhe des Friedens, noch keine von den Annehmlichkeiten einer Regierung geschmecket, und außer den wonnigen Vaterfreuden kaum noch ein Vergnügen des Lebens gekostet. Seine Ruhe, Seine Bequemlichkeit, Seine Tage, Seine Schätze alles opfert er der Vertheidigung Seiner, und fremder Staaten auf. Und wir wollten unthätig zusehen? Wir wollten nur unsere Brüder streiten, und das herbe Ungemach des Krieges ertragen lassen, ohne zu ihrer Erhaltung, zur Erleichterung ihrer Beschwerden beytragen zu wollen? Wir wollten die Kösten des Krieges einem ohnehin großmüthigen Könige tragen lassen, ohne dabey seine Macht zu unterstützen, und seine Aufwände Ihm erschwingen zu helfen? Wäre denn unsre Liebe gegen Ihn so geschwinde erkaltet? O nein, m. B.! dieß sieht euren guten Bürgerherzen zu wenig ähnlich. Zwar gebe ich zu, daß es Manchem lästig vorkömmt, wenn er von der Pflicht höret, als thätiger Bürger beyzutragen. Allein untersuchen wir unser eigenes Bewußtseyn. Eine kleine Beschränkung in manchen leicht entbehrlichen Bequemlichkeiten; die Stärke, uns manchmal ein kleines Vergnügen zu versagen, wird uns bald in den Stand setzen, manches Opfer dem Staate zu bringen, dem Vaterherzen des guten Monarchen eine Quelle der Freuden mehr zu öffnen. Ich gestehe es, es mag manchem Vaterherzen Thränen kosten, wenn er sein Kind aus seinen Armen unter die Schaaren der Feinde hineilen sieht. Allein sind denn unsere Kinder unsterblich gebohren? Wird sie das Loos der Sterblichkeit nicht auch zu Hause treffen? Und ist ihr Tod nicht erwünschter, wenn er zugleich ein Opfer für das allgemeine Beste, und ein Verdienst zum besseren Leben wird? Unser gute Monarch hat seines eigenen Bruders nicht geschont, Ihn, den noch kaum aufblühenden Prinzen, an die Spitze der Heere hingestellt. Und wir wollten es schwer finden, ein so erlauchtes Beyspiel nachzuahmen? Wollten wir uns denn von dem jüdischen Volke an Vaterlandsliebe, an Treue gegen unseren König übertreffen lassen, unter welchem nicht nur Väter ihre Söhne großmüthig aufopferten, sondern selbst Mütter ihre Kinder zur Rettung des Volkes selbst aufmunterten? Ach, m. B.! nur dann werden wir unser Vaterland, und unsre Zeitgenossen vor den Staatsverderbnissen bewahren, wenn wir mit fester Anhänglichkeit an unseren König mit wahrer Bürgertreue seine Vertheidigungsanstalten befördern, und zu seinen guten Absichten mitwirken; — wenn wir wahre Vaterlandsliebe, wahren Eifer für das allgemeine Beste haben; wenn wir den geheimschleichenden Lastern selbst entgegenstreben; wenn wir durch Eintracht, und Liebe das Band der Gesellschaft enger, und fester unter uns knüpfen; wenn wir endlich einen festen, unwandelbaren Charakter annehmen.

Und wie sollten wir nicht gerne alles anwenden, jene erschrecklichen Verirrungen des Verstandes, und des Herzens, jene entsetzlichen Greuel von unserem Vaterlande abzuwenden, mit welchen das unglückliche Frankreich erfüllet ist. Werth und willkommen seyn uns die öffentlichen Gesetze, feyerlich, und heilig sey uns der Gedanke an einen König, der Gottes Gesalbter, Gottes Stellvertreter, Gottes Werkzeug zur Beseligung der Menschen ist. Heilig sey uns die Religion unserer Väter! sie, die der Menschen Herz bildet, tröstet, und durch die allumfassende Liebe, welche sie lehrt, die Menschengesellschaft heiliget. Verschlossen seyn unsern Herzen, verstopft seyn unsere Ohren demjenigen, der uns ein verderbtes Volk, der uns die Franzosen als Wiederhersteller der Menschenrechte, als Muster der Gesetzgeber vorpredigen will! Denn sie sind verderbt, sie sind ein **Greuel geworden in ihrem Beginnen.**

Lasset uns nun, m. B.! mit diesen Vorsätzen, welche unser Herz gefaßt hat, vor Gott unsere Knie beugen, und unsere Hände zu ihm fallen.

Gott! Wunderbar sind deine Wege, und deine ewigen Rathschlüße sind dem beschränkten Menschengeiste undurchdringlich. Du der Gott der Liebe, und des Erbarmens läßest dennoch geschehen, daß Menschen mit Löwenwuth wider einander streiten; daß Volk wider Volk, Reich wider Reich sich empören. Schwer, und drückend ist diese Plage für uns, aber **haben wir Gutes von der Hand des Herrn empfangen, warum sollten wir nicht auch die Ungemache geduldig ertragen.** * Schrecklich, o Herr! war das Beginnen unserer Feinde, Grausamkeit ist ihr Betragen, und Verder-

---

* Hiob 2. 10.

ben ihr Endzweck. Ich will verfolgen, sprach dieses erboste Volk, ich will haschen, ich will den Raub theilen, ich will meinen Muth an ihnen kühlen; ich will mein Schwert ziehen, und meine Hand soll sie verderben. * Herr! sie sind in dein Erbe gefallen, sie haben deine heiligen Tempel verunreiniget, sie haben die Leichnahme deiner Diener den Vögeln preis gegeben, sie haben Blut vergossen wie Wasser. Laß vor dich kommen, o Herr! das Flehen deiner getreuen Verehrer: Hilf uns Gott unser Helfer! und um deines heiligen Namens willen, rette uns. ** Das Blut Deines Gesalbten, ihres Königes, das Blut unserer Könige, das Blut des frommen, dir immer ergebenen Hauses Oesterreich, welches in Marien Antonien verspritzet ist, schreit zu dir wie das Blut Abels des Gerechten: Herr räche das Blut deiner Geheiligten. *** Und ach! wie viele der Starken sind schon gefallen im Streite! **** Viele unserer Brüder, o Herr! sind unter ihrem Schwerte gefallen, lohn es ihnen, dort jenseits des Grabes das große Opfer, das sie dem allgemeinen Besten mit ihrem eigenen Leben brachten. Stärke den Muth unserer Streiter, stähle ihren Körper wider das Ungemach des Krieges. Erleuchte ihre Anführer,

---

* 2 B. M. 15. 9. ** Ps. 78. *** 1. B. M. 4. 10. **** 2. B. Sam. 1. 18.

leite ihre Anschläge, segne ihre Unternehmungen. Denn du, o Herr! lehrest die Hände streiten, du lehrest die Arme den Streitbogen spannen, Du giebst den Schild deines Heiles, und deine Rechte stärket. * Groß war die Gefahr, o Herr! welche die Feinde drohten, aber du hast uns errettet, du hast auf sie gedonnert, du blitztest auf sie, und schrecktest sie zurück. * Lob, Ehre, und Preis sey deinem heiligen Namen, deine Wohlthaten wollen wir unseren Kindern erzählen, und die Kinder, welche gebohren werden, sollen es ihren Kindern verkündigen, daß sie ihre Hoffnung auf Gott setzen, und niemal der Wohlthaten Gottes vergessen. **

Vorzüglich, o Herr! flehen wir zu dir für unseren König. Du hast Ihm eine schwere Prüfung aufgelegt. Du hast den Morgen seiner Tage, den Anfang seiner Regierung mit düsteren Wolken getrübet. Gieb Ihm Stärke von oben, o Herr! daß Sein junges Herz dem vielen Kummer nicht unterliege, daß die gehäuften Sorgen seiner beschwerden Regierung Ihn nicht niederdrücken. Gieb, o Herr! wir bitten dich mit dem weisesten Könige: Gieb, o Herr! deine Weisheit dem Könige, und deine Gerechtigkeitsliebe dem Sohne des Königs, daß er dein Volk nach Gerechtigkeit lenke;

---

* Pf. 117. 35. 36. ** Ebendas.

daß er das arme Volk aufrecht erhalte, dem Bedrängten helfe, und den Lästerer zerschmettere. * Von seinem theuern Leben hängt Ruhe, Ordnung, Glück der Staaten ab, über welche Ihn deine Vorsehung gesetzet hat. Du bist Ihm mit Segen zuvorgekommen, du hast auf sein Haupt eine köstbare Krone gesetzt. ** Gieb Ihm nun, du König der Könige! langes Leben, daß seine Jahre währen für und für. *** Unser König hoffet auf dich, Herr! und wird durch deine Güte unerschüttert bleiben. Du setzest Ihn uns zum Segen für Jahrhunderte, du erfreuest Ihn mit der Seligkeit deines Antlitzes, Herr! zeige dich in deiner Kraft, dann wollen wir lobsingen, dann deine Allmacht preisen. ****

Amen.

---

* Pf. 7. 12. 4. ** Pf. 20. 4. *** Pf. 60. 7. **** Pf. 20.